LE CAP DE BONNE-ESPÉRANCE.

(D'après une gravure du temps.)

LA ROUTE DES INDES

I

Au moyen âge, un souffle de foi, pendant la période ardente des croisades, avait poussé l'Occident vers l'Orient, comme si la civilisation, sombrant dans la nuit après la chute de l'empire romain et les invasions des Barbares, n'eût plus attendu son salut que d'un retour à son berceau. Les huit entreprises de l'Europe contre l'Islam semblaient, il est vrai, quand la chrétienté vit s'écrouler son dernier rempart à Ptolémaïs, ne devoir offrir d'autres résultats que la perte de six millions d'hommes et l'écrasement des peuples sous les impôts aggravés successivement au cours de deux siècles pour subvenir aux frais de guerre. Cependant les générations venues ensuite ne s'étaient pas lassées de rêver la conquête de cette Asie où, par les routes connues, le commerce allait, sacrifiant les croyances aux intérêts, s'enrichir sur les marchés possédés par les infidèles. Les Indes restèrent le but où tendaient tous ceux qui avaient soif de fortune. Deux chemins y conduisaient : celui de Constantinople par terre, celui d'Égypte et de Syrie par mer. Les califes et ceux qui les reconnaissaient pour souverains étaient devenus, dans la seconde moitié du quinzième siècle, les maîtres de ces deux voies, les seules suivies par les caravanes ou par les caravelles. Ils tenaient, en outre, en leurs mains, toute la côte barbaresque depuis le détroit de Gibraltar jusqu'à l'Arabie. En s'emparant de la clef de la mer Noire, ils avaient eu surtout pour objectif de rendre l'Europe tributaire pour tout ce qui concernait ses relations commerciales avec le Levant. Aussi les nations européennes, ne pouvant renverser cette barrière sur laquelle flottait l'étendard du Prophète, cherchaient-elles à se créer un autre itinéraire. Gênes, Venise, les Portugais, les Espagnols y pensaient dès 1453, même depuis le quatorzième siècle, mais il leur était impossible de résoudre

*

indices nombreux sur l'existence dans l'Océan oriental d'une ville opulente qu'on leur dit s'appeler Sofala, et d'une île de la Lune (Madagascar) dont on affirmait également la richesse.

Or, les géographes arabes avaient accrédité la théorie d'après laquelle la route, quand on était parvenu à l'extrémité de l'Afrique occidentale, était impraticable aux navires, qui s'exposeraient, assuraient-ils, au milieu de la nuit éternelle, sans que jamais une étoile apparût, sans que la voile pût compter sur le vent. Ils ajoutaient que, d'ailleurs, la région tropicale était inhabitée et inhabitable, les éléments s'y opposant à la vie. Ces chimères étaient acceptées par la science. Diego Caô et Martin Behaim les mirent à néant. Ils démontrèrent la possibilité de doubler la pointe sud de l'Afrique. Jean II se rallia à cette conviction. Il fit plus. Par son ordre, une escadre composée de deux bâtiments de cinquante tonneaux et d'une embarcation chargée de munitions et de vivres partit le 2 août 1486, sous le commandement de Barthélemy Diaz, gentilhomme de sa maison, à qui l'on devait déjà plusieurs découvertes.

Diaz dépassa le tropique méridional, puis entreprit audacieusement la recherche du cap sud. Il n'y arriva qu'après avoir bravé les plus grands dangers, et malgré son équipage révolté. Il plaça le padraô à l'extrémité de l'Afrique, détermina exactement la position du Cap, explora trois cents lieues de côtes et revint à Lisbonne. Le roi l'accueillit avec enthousiasme. Le navigateur ne lui cacha rien des difficultés qui paralyseraient probablement toute tentative de doublement de ce terrible promontoire auquel il avait donné le nom de Cap des Tempêtes (*Cabo Tormentoso*); mais Jean II ne partagea ni ces craintes, ni ce sinistre augure.

— Qu'il soit, dit-il, appelé le cap de Bonne-Espérance!

IV

Sûr désormais de la réussite, Jean II crut pouvoir tourner ses regards d'un autre côté. La route par mer, en s'affranchissant du calife, était maintenant connue. Il ne restait qu'à mettre les navires portugais en état de la sillonner. C'était une entreprise qui pouvait être retardée, pourvu qu'on en gardât le secret. Il y avait, d'ailleurs, une autre raison qui décidait le roi à ne pas précipiter le départ d'une nouvelle expédition vers le sud de l'Afrique; il venait d'envoyer une ambassade au Prestre-Jehan (Ung-Chan), dont l'autorité était sans égale dans le monde chrétien, quoique l'on ne sût rien à son égard que par le récit de Marco Polo, mais on le croyait maître d'un royaume s'étendant à la fois sur l'Afrique et l'Asie, et l'on avait la ferme conviction que, grâce à son appui, il devait être facile de pénétrer par la route de terre jusqu'aux Indes.

Deux gentilshommes portugais, Alfonso de Payra et Pero de Covilhao (Covilham), étaient partis avec les « lettres royaux » pour le mystérieux souverain. Ils arrivèrent ensemble à Aden, où ils se séparèrent : Covilhao allant vers la côte de Malabar, Sofala et Madagascar, qu'il visita successivement, Payra vers le Caire, où il mourut. Quand son compagnon atteignit, de son côté, la capitale de l'Égypte, il y trouva des instructions de Jean II qui lui donnaient l'ordre de se rendre en Abyssinie. Là, le négus retint Covilhao prisonnier, tout en le traitant avec bonté. Sa captivité ne cessa qu'en 1520, mais il avait pu faire porter à Lisbonne, par des agents juifs, une relation de son voyage. On possédait ainsi des notions sur la côte orientale de l'Afrique, depuis l'Égypte jusqu'à Madagascar. Il n'y avait plus, dans ces conditions, que la partie du continent comprise entre l'île de la Lune et le cap de Bonne-Espérance qui n'eût pas été explorée.

V

La mort ravit, en 1496, à Jean II la gloire qui devait s'attacher à la réalisation des deux grands desseins de ce prince, mais cette gloire échut à son fils, le roi Manuel. L'antiquité avait cru, avec Ptolémée, non seulement que la terre placée au centre de l'univers était un corps fixe, mais aussi que l'Afrique s'infléchissait dans sa partie méridionale vers l'est, et que l'océan Indien formait une Méditerranée orientale. Les savants arabes propagèrent surtout cette dernière erreur, mais dès le dixième siècle les navigateurs qui visitaient la côte de Zanzibar la démentirent. Pedro de Covilhao confirmait cette rectification, en annonçant que des colonies arabes s'étaient établies le long de la côte orientale d'Afrique et y avaient apporté vers le Sud la civilisation de l'Orient. Ces villes africaines devaient donc être le but des expéditions qui partiraient du cap de Bonne-Espérance et le doubleraient. Si elles réussissaient dans la création d'une ligne ininterrompue de navigation entre le Cap et Aden, la route nouvelle tant cherchée serait définitivement trouvée, car à partir d'Aden il n'y avait plus qu'à suivre le sillage des navires arabes.

Don Manuel confia cette tâche à Vasco de Gama, qui l'accomplit (1).

Charles Simond.

(1) Les travaux sur Vasço da Gama ne sont pas très nombreux. Ils se basent presque tous sur le *Rotero* (journal de voyage) d'un des compagnons de sa première expédition, et sur les chroniqueurs. Les principaux historiens qui ont parlé du navigateur et de son temps sont, dans le passé, Osorio, Castanheda, Duarte Pacheco, le Père Lafitau, plus près de nous Stanley et Major, Morellet, Jurien de la Gravière, Peschel, Ruge, Henri Cordier et, tout récemment, Franz Hummerich. (C. S.)

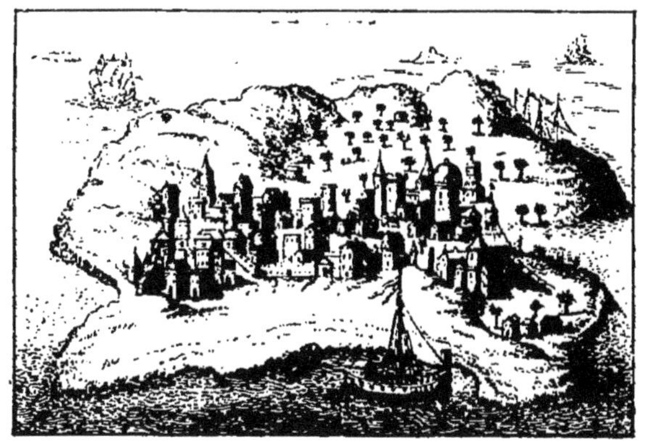

CALICUT.

(D'après une gravure du temps.)

VASCO DA GAMA

I

COSMOGRAPHE SE SERVANT DE L'ASTROLABE.

Vasco da Gama, le *découvreur de la route des Indes*, naquit dans la petite ville de Sinès, à vingt-quatre lieues de Lisbonne. Ainsi que pour Christophe Colomb, l'on ignore la date de sa naissance. Il est impossible d'admettre celle de 1469 que donnent certains historiens. S'il en était ainsi, il n'aurait pas eu vingt-neuf ans au moment de son départ. Cette opinion n'est pas soutenable, lorsqu'on sait que Vasco da Gama était déjà connu depuis plusieurs années comme un marin expérimenté. Si bien que, dès le retour de Barthélemy Diaz, en 1487, ses talents inspiraient une telle confiance que le roi Jean II l'avait choisi pour commander une nouvelle expédition dont le but était d'ouvrir la route des Indes. Enfin, nous voyons qu'en 1478 un sauf-conduit avait été accordé par Ferdinand et Isabelle à deux personnages nommés Vasco da Gama et Lernos pour se rendre à Tanger. Ce Vasco da Gama n'était autre que le *Découvreur*. Il est difficile de supposer qu'un passeport de cette nature ait été délivré à un enfant de moins de dix ans; sans pouvoir rien affirmer, l'on peut dire qu'en 1497 Vasco da Gama devait approcher de la cinquantaine.

Selon Carvalho, la famille des Gama remontait jusqu'au treizième siècle, et si l'on s'en rapporte à d'anciennes traditions, elle serait issue d'une branche illégitime de la maison royale de Portugal. Au seizième siècle, Alvaro Eanes da Gama avait contribué par son courage à la conquête des Algarves. De ce personnage était descendu Estevam da Gama, né à Olivença, avec qui commença l'illustration de la famille. Le père du *découvreur de la route des Indes*, qui portait le même prénom que son aïeul, Estevam, jouissait d'une haute réputation comme marin. Il s'était marié avec dona Isabelle Sodré, et il en avait eu plusieurs enfants dont Vasco et Paul, qu'il destina de bonne heure à la marine, où il s'était fait un nom. Tout porte à croire que Vasco da Gama commença sa carrière dans les

« ARMERIA », GRANDE CARAVELLE ESPAGNOLE DE 1523.

(D'après une ancienne gravure hollandaise.)

mers d'Afrique. Le premier historien qui ait écrit sur les Indes, Fernand Lopez de Castanheda, aime à rappeler qu'avant ses mémorables découvertes, Vasco da Gama avait acquis une grande expérience de la navigation. Sous Jean II, il avait été chargé d'aller saisir dans les ports du royaume les navires français qui s'y trouvaient mouillés. Cet acte de violence n'était qu'un mode de représailles qui se justifiait par la prise d'un vaisseau portugais, revenant d'Elmina, chargé d'or, que des corsaires français avaient capturé en pleine paix. La restitution du bâtiment ayant été ordonnée par Charles VIII, Vasco da Gama n'eut pas à prolonger la lutte. Sans rien préciser, mais, selon toutes probabilités, ce fut entre le retour de Barthélemy Diaz et son départ pour l'Inde que Vasco da Gama épousa dona Catarina de Attayde, fille d'Alvaro d'Attayde, seigneur de Pena-Cova, l'une des plus grandes dames de la Cour. Il eut plusieurs enfants de ce mariage, entre autres, Estevam, qui devint gouverneur des Indes, et Christofo, qui se rendit illustre par son expédition en Abyssinie, où il mourut.

II

A peine le roi Emmanuel était-il monté sur le trône qu'il tint plusieurs conseils pour y débattre les affaires d'outre-mer. Trois partis se trouvaient en présence. Les uns voulaient absolument que l'on renonçât aux expéditions maritimes; les autres, sans être aussi hostiles à la politique du prince Henri et du roi Jean II, pensaient qu'il y avait un danger pour la nation portugaise à se répandre trop au dehors et conseillaient de se borner aux découvertes faites jusqu'alors; un troisième parti soutenait, au contraire, que le Portugal devait continuer énergiquement les découvertes, qu'il ne pouvait se dérober au rôle qu'il était appelé à jouer, sans reconnaître son impuissance, et que les succès qu'il avait jusqu'alors obtenus devaient l'encourager dans cette voie. Le roi Emmanuel était de cet avis; aussi la politique d'outre-mer fut-elle maintenue. Il fallait désormais s'attendre à voir tenter de nouveaux efforts pour achever l'œuvre du prince Henri et du roi Jean II.

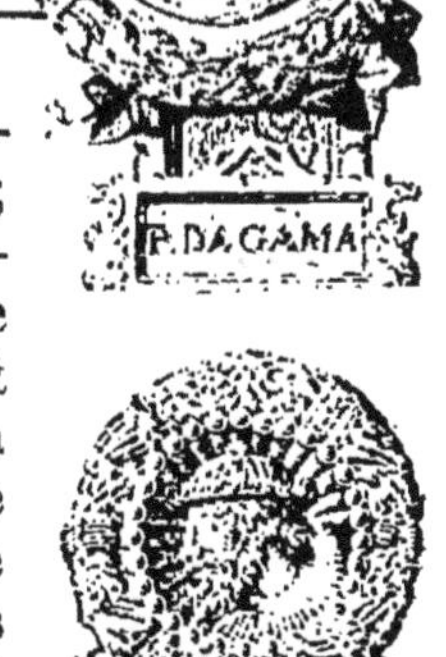

Le *Sam-Gabriel*, la carte, le compas et l'astrolabe de Vasco da Gama. (Documents conservés au musée de Lisbonne.)

NICOLAS COELHO. (Médaillons en pierre provenant de l'église de Belem.)

Si l'on en croit Pedro de Mariz, le commandement de l'expédition, depuis si longtemps méditée et projetée par le roi Jean II, n'aurait été accordé à Vasco da Gama que par une circonstance toute fortuite et en même temps des plus bizarres. Cet historien prétend que le roi Emmanuel était un soir à l'une des fenêtres de son palais, rêvant à la possibilité de réaliser le vaste projet de son prédécesseur Jean II, lorsque le hasard amena Vasco da Gama dans la cour solitaire sur laquelle donnait le balcon royal. Dès lors, le roi qu'on a nommé depuis *le Fortuné*, n'hésita plus et nomma immédiatement *in petto* Vasco da Gama chef de l'expédition. Ce racontar ne mérite aucun crédit. Un autre historien, Baneto de Resende, dit au contraire qu'il y eut, dès 1496, de nombreux pourparlers dans le conseil du roi, touchant l'expédition des Indes, et que ce fut à la suite d'une discussion sérieuse sur son opportunité qu'Emmanuel se décida à confier l'entreprise à Vasco da Gama, connu pour son savoir et son expérience de la mer.

L'expédition, contrairement à celle de Christophe Colomb, fut préparée avec soin. Un manuscrit découvert il y a quelques années à Evora, et que l'on peut considérer comme ayant été écrit au temps de la découverte, nous le prouve et nous fournit à ce sujet les détails le plus précis (1).

PADRAO AUTHENTIQUE DE VASCO DA GAMA AU CAP.

L'expédition comprenait trois vaisseaux : le *Sam-Gabriel*, qui jaugeait 120 tonneaux; le *Sam-Rafaël*, 100 tonneaux, et le *Berrio*, 50 tonneaux, plus une pinque ou transport chargée de vivres et de munitions. En outre, un bâtiment, commandé par Barthélemy Diaz, qui portait également des approvisionnements, accompagnait l'expédition, pendant la première partie du voyage; il ne devait pas dépasser El Mina, sur la côte de Guinée. Vasco da Gama, qui prenait le titre de *capitam môr*, équivalant à celui de chef d'escadre, avait planté son pavillon à bord du *Sam-Gabriel*. Le *Sam-Rafaël* avait pour commandant son

(1) Il ne fallait pas, dit Duarte Pacheco, que pour l'accomplissement de pareilles découvertes les navires fussent d'un port trop considérable ou en trop grand nombre. En conséquence, le roi Notre Sire ordonna la construction de quatre petits bâtiments dont le plus grand ne devait pas excéder cent tonneaux, parce que, pour se diriger vers des terres si peu connues et même si complètement ignorées, il n'était pas nécessaire qu'ils fussent plus grands. Ceci fut ordonné pour qu'ils pussent entrer et sortir présentement partout. D'habiles constructeurs, secondés par d'habiles ouvriers, les exécutèrent, en y employant les bois les plus solides et les ferrements de première qualité. Chaque navire fut pourvu d'un triple rechange de voiles et d'amarres. Les autres apparaux aussi bien que les cordages furent doublés trois à quatre fois. Les fûts des tonneaux, des pipes, des barils propres à contenir le vin, l'eau, le vinaigre, l'huile, furent renforcés par de nombreux cercles de fer, pour assurer ce qu'ils contenaient. Les approvisionnements en pain, vin, farine, viande, légumes, objets de pharmacie, l'artillerie, l'armurerie de toutes sortes, tout fut fourni en aussi grande quantité que les circonstances le requéraient. Il y eut même, on peut le dire, du superflu. Les principaux pilotes, les meilleurs marins, les plus habiles en l'art de la navigation que renfermait le pays furent envoyés avec Vasco da Gama.

frère Paul, et le *Berrio* un marin fort expérimenté, Nicolas Coelho. Un officier de la maison de Vasco da Gama était chargé de la pinque. Les équipages de ces quatre bâtiments ne s'élevaient qu'à cent soixante hommes, et pour les compléter il fallut y joindre dix condamnés à mort. Les rôles des équipages n'ont pas été conservés, et l'on ne connaît les noms que de quelques compagnons de Vasco da Gama. Parmi les pilotes se trouvait Pero de Alemquez, qui avait

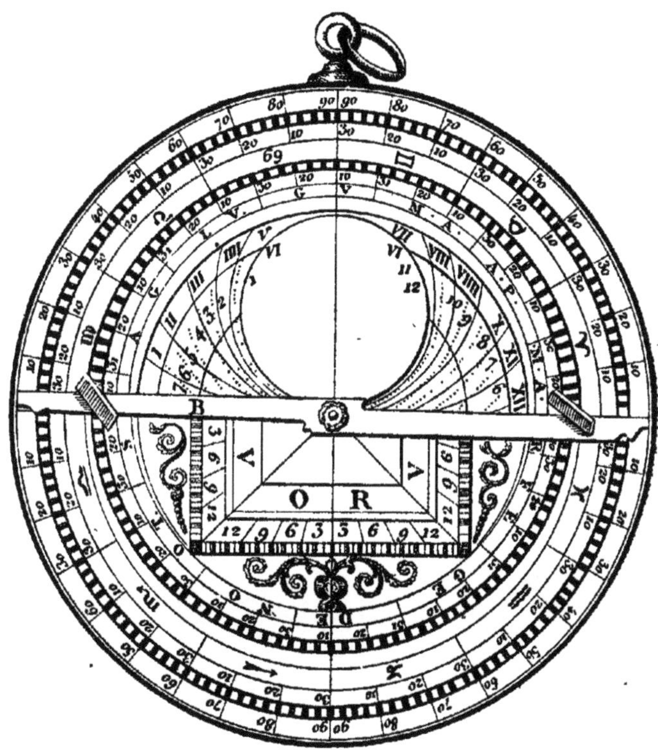

YRAGNE, SORTE D'ARAIGNÉE (FACE ANTÉRIEURE DE L'ASTROLABE).

accompagné Barthélemy Diaz, et parmi les officiers deux interprètes, Fernão Martins pour la langue arabe et Martim Assomfo *pour celle des nègres*.

Dès que l'escadre fut en état de prendre la mer, Vasco da Gama se rendit avec ses officiers à la Cour, qui résidait alors dans une petite ville de l'Alemtéjo, à quelques lieues d'Evora, à Estrevoz. Le roi Emmanuel reçut avec une grande solennité le navigateur et ses compagnons. Il leur rappela qu'ils avaient toute sa confiance et les encouragea à exécuter le projet qui devait assurer la grandeur du Portugal. Il donna ensuite à Vasco da Gama des lettres pour le *roi des Indes*, l'itinéraire envoyé par Pedro de Covilham, et lui remit entre les mains un étendard où l'on avait représenté les traits du Rédempteur. Vasco da Gama s'agenouilla, et prêta serment tant en son nom qu'au nom de tous les siens; après quoi, il revint à Lisbonne, où devait avoir lieu l'embarquement.

III

Jusqu'à ces derniers temps, l'on était indécis sur le jour où partit Vasco da Gama. Aujourd'hui, l'on sait d'une manière certaine que

CARAQUE GÉNOISE DE 1542.

(D'après une gravure du temps.)

ce fut le samedi 8 juillet 1497. La flotille mit à la voile à un endroit appelé le Restello ou le Rostello. Non loin de là, à Belem, s'élevait une modeste église consacrée à la Vierge et élevée par le prince Henri. La veille de son départ, Vasco da Gama s'y était rendu avec ses gens pour y passer la nuit en prière. Trois ans plus tard, à cette même place, l'on devait bâtir une basilique et un monastère pour accomplir le vœu que l'on avait fait dans le cas où l'expédition réussirait. Le lendemain, Vasco da Gama et ses compagnons communiaient et se mettaient ensuite en marche vers leurs vaisseaux. Ils y arrivèrent pieds nus, la tête découverte, tenant un cierge à la main, en ordre de procession, accompagnés d'un grand nombre de prêtres et de moines et suivis d'une foule pro-

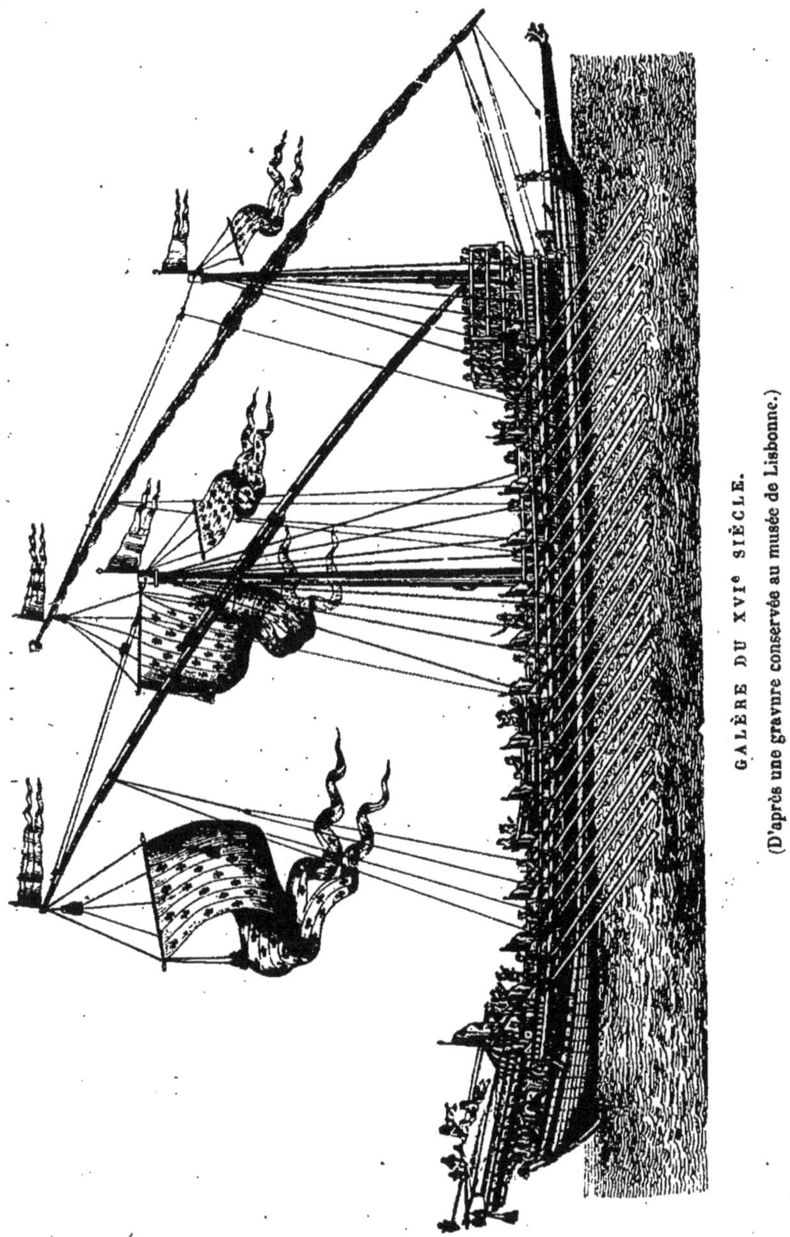

GALÈRE DU XVIe SIÈCLE.
(D'après une gravure conservée au musée de Lisbonne.)

digieuse qui remplissait l'air de leurs chants religieux. Arrivés sur le port, tous se mirent à genoux et reçurent de nouveau l'absolution générale, comme pour mourir. Barthélemy Diaz avait donné une idée si terrible des mers voisines du *Cap des Tempêtes*, qu'on regardait comme autant de victimes condamnés à une mort presque certaine ceux qui allaient les affronter. Désormais rassurés sur le salut de leurs âmes, ces hommes se sentaient prêts à tout oser. Ordre fut donné de lever l'ancre immédiatement.

La petite flottille ne tarda pas à prendre la haute mer. Le 15 juillet, c'est-à-dire huit jours après son départ; elle se trouvait en vue des Canaries, à peu de distance de l'île Lanzarote. Avec le soir survint un brouillard qui prit tout à coup une telle intensité que les bâtiments se perdirent de vue. On se rejoignit aux îles du Cap-Vert, où l'on s'était donné rendez-vous, à l'île Santiago, et le jeudi 20 juillet l'escadre mouillait devant la plage de Santa-Maria. On s'y procura de la viande, de l'eau, du bois, et l'on fit quelques réparations aux vergues des bâtiments. Le 3 août, l'escadre reprenait de nouveau la mer, après s'être séparée de Barthélemy Diaz, qui se rendit à Elmina et partit dans la direction de l'Est.

La navigation n'offrit rien de remarquable, d'autant plus que le vent était favorable. Le 18 août, la flottille était arrivée à environ deux cents lieues des îles du Cap-Vert, lorsque la vergue du *Sam-Gabriel* se cassa; l'on dut mettre en panne pendant deux jours et une nuit pour réparer cette avarie. Après quoi l'on se remit en marche. Les Portugais calculaient qu'ils pouvaient être fort loin de la côte, et cependant, à leur grand étonnement, ils apercevaient de nombreux oiseaux ressemblant à des hérons, qui volaient contre le sud-ouest, comme pour regagner la terre. Les vaisseaux continuaient leur route sans rien rencontrer. Dans la deuxième quinzaine d'octobre, des baleines se montrèrent en grand nombre, ainsi que des phoques et des loups marins. Le 1er novembre, on remarqua de nombreux indices de la proximité de la terre, consistant en ceraines espèces d'algues flottant à la surface des flots, et qui ne croissent que le long des côtes (1). Le 4 novembre, à deux heures du matin, l'on jetait la sonde, et l'on trouvait fond par cent dix brasses. A neuf heures du matin, la terre était en vue. Tous les bâtiments se pavoisèrent et l'on salua le rivage par plusieurs décharges d'artillerie. Après avoir côtoyé pendant quelques jours, on découvrit une côte basse où s'ouvrait une baie spacieuse offrant un abri assez sûr. Le mercredi 8 novembre, on y jeta l'ancre.

Cette baie reçut le nom de baie de Sainte-Hélène. Les Portugais y restèrent huit jours. Vasco da Gama voulait donner quelque repos à ses équipages et réunir toutes les observations que cette navigation de trois mois lui avait suggérées. Le pays jouissait d'un climat salubre, et l'on y trouva des oiseaux semblables à ceux du Portugal, tels que des corbeaux, des mouettes, des tourterelles, des alouettes. Pour la première fois l'on eut connaissance des Boschi-

(1) Christophe Colomb avait, lors de son premier voyage, aperçu les mêmes indices. (C. S.)

mens, qui se rattachent à la race des Hottentots. Les Portugais furent assez heureux pour s'emparer de l'un d'eux, au moment où il recueillait dans un fourré le miel que les abeilles en ce pays déposent au pied des arbres. Les marques d'amitié que lui prodigua Vasco da Gama décidèrent nombre de ses compagnons à venir voir les blancs et à entrer en rapport avec eux. C'était un peuple sauvage, misérable, qui se nourrissait de chair de gazelle, de poissons, de racines, et les Portugais ne purent en obtenir que fort peu de renseignements. Les marchandises qu'on leur montrait, et qui consistaient en cannelle, clous de girofle, perles, étaient pour eux inconnues. Ils ne portaient pas d'autres ornements que des coquilles à l'apparence argentée et de petites chaînes de cuivre qu'ils attachaient aux oreilles. Quelques-uns avaient des queues de

MOMBAZES (VUE DE LA VILLE A L'ARRIVÉE DE VASCO DA GAMA).

(D'après une gravure du temps.)

renard fixées à des bâtons, et ils s'en servaient en guise de chasse-mouches. Ces noirs étaient d'humeur pacifique. Néanmoins les Portugais en vinrent aux mains avec eux, et leurs relations finirent d'une façon assez tragique.

Un soldat nommé Fernand Vellaso avait obtenu l'autorisation d'aller se promener au village des indigènes afin de voir leurs cases. Il était parti avec les noirs, qui s'en allèrent faire rôtir et manger dans une lande un veau marin dont ils s'étaient emparés. Ils en donnèrent une part au Portugais, ainsi que des racines dont ils se nourrissaient. Le repas terminé, ils lui firent signe de retourner vers les vaisseaux, ne voulant pas qu'il les accompagnât jusqu'à leurs cases. Vellaso revint au rivage; quand il l'eut atteint, il se mit à appeler ses compagnons. Sur ces entrefaites des noirs sortirent des halliers où ils étaient restés cachés et se mirent à courir le long de la plage. Vellaso, s'imaginant qu'on en voulait à sa vie, prit la fuite. A ce moment les équipages faisaient de l'eau.

A la vue de leur compagnon, qui paraissait être menacé par un danger imminent, ils coururent aux armes. De leur côté, les nègres, en se voyant sur le point d'être attaqués, firent pleuvoir une grêle de cailloux et de flèches. Vasco da Gama fut blessé avec trois ou quatre hommes. Le combat aurait été acharné sans la prudence

VASCO DA GAMA.

(Seul portrait authentique conservé dans la famille des comtes da Vidigueira, descendants du grand navigateur.)

de Vasco da Gama, qui donna le signal de la retraite. Le 16 novembre, on quitta la baie de Sainte-Hélène.

L'escadre gagna bientôt la pleine mer. Les Portugais ignoraient où ils se trouvaient. Le pilote Pedro d'Alemquez, qui avait accompagné Barthélemy Diaz, croyait qu'on devait être à une trentaine de lieues du Cap, et il ne se trompait pas beaucoup. La direction que l'on suivait était le sud-est. Le samedi soir, 18 novembre, l'on aperçut le Cap. Comme les vents étaient contraires, l'escadre dut pendant trois jours courir des bordées, et, le mercredi 22 novembre, elle passait à midi devant le cap redouté. Il y avait quatre mois

NATURELS DE SAINTE-HÉLÈNE.

(D'après un tableau portugais du seizième siècle.)

et demi qu'elle avait quitté Lisbonne. Cette traversée avait été merveilleuse, étant données les difficultés éprouvées naguère par Barthélemy Diaz pour atteindre le même but. En arrivant au cap de Bonne-Espérance, les Portugais furent surpris de ne pas y essuyer les tempêtes terribles dont on leur avait tant parlé.

Dans son poème des *Lusiades*, Camoëns (1), et dans son magnifique récit, Osorio nous parlent des luttes effroyables que les marins portugais auraient eu à soutenir contre les flots de ces mers nouvelles. Les équipages se seraient mutinés; à un moment donné, Vasco da Gama aurait dû faire mettre aux fers les chefs de la sédition et prendre lui-même en main le gouvernail. Les choses se sont passées d'une manière moins tragique. L'historien Barros, dont l'autorité semble croyable, ne fait pas allusion à ces fureurs de l'Océan. Il en est de même du journal publié par l'un des compagnons de Vasco da Gama.

Pleins de confiance, les Portugais continuèrent leur route et s'en allèrent mouiller, le 25 novembre, à soixante lieues plus loin que le Cap, dans la baie de Saint-Braz. Vasco da Gama y resta treize jours pour y réparer quelques avaries et en profita pour nouer des relations avec les indigènes, les *Gonaquas*, qui appartenaient à la race hottentote, alors si nombreuse (2). Ces indigènes par leurs traits rappelaient beaucoup ceux de la baie de Sainte-Hélène; comme eux ils étaient basanés. Ils formaient une peuplade de pasteurs, qui faisaient paître de nombreux troupeaux le long du littoral. Ces noirs paraissaient n'avoir aucune crainte des blancs, et pour quelques verroteries qu'on leur donna, ils amenèrent des bœufs, des vaches et des moutons. Ils pouvaient être quatre ou cinq cents hommes, femmes et enfants. Quelques-uns d'entre eux se mirent à jouer de la flûte et les autres à danser. Loin de vouloir troubler cette gaieté, Vasco da Gama voulut la rendre plus complète; il fit sonner les trompettes, et les équipages se mirent à exécuter une danse plus ou moins régulière.

Dans la baie de Saint-Braz, l'un des premiers soins de Vasco da Gama avait été de brûler sa pinque, qu'il jugeait lui être inutile, après en avoir réparti les vivres sur les autres vaisseaux. Dans le séjour qu'ils firent sur ce rivage, les Portugais ne se hasardèrent pas à pénétrer dans l'intérieur du pays, mais les observations qu'ils nous ont transmises sont fort judicieuses. Les bracelets d'ivoire que portaient les nègres leur firent supposer, et avec raison, que les éléphants devaient être fort nombreux dans cette région. Les bœufs étaient de grande taille, quelques-uns noirs ou dépourvus de cornes. Ils paraissaient très doux, et les indigènes les montaient en guise de chevaux, en leur faisant porter un bât confectionné en paille. A l'entrée de la baie, il y avait un îlot où se donnaient rendez-vous les *loups marins*, dont certains étaient aussi grands que

(1) On sait que l'épopée du Camoëns a pour sujet principal les voyages de Vasco da Gama.

(2) Elle a été cruellement décimée au dix-septième siècle, et aujourd'hui elle ne compte que 30,000 individus dans toute la colonie du Cap. (C. S.)

d'énormes ours, et qui avaient de grandes dents et étaient fort redoutables. L'on trouva aussi sur cet îlot de nombreux pingouins, dont le cri, au dire des Portugais, ressemblait à celui de l'âne. Comme ils ne connaissaient pas cet oiseau, ils le définirent *un canard qui ne vole pas et n'a pas de plumes aux ailes.* La baie de Saint-Braz n'a pas gardé son ancienne dénomination et a reçu le nom hollandais de *Mossel-Bay.* Actuellement, une ville du même nom, assez florissante

GALION DU XVe SIÈCLE.
(D'après une gravure de l'époque.)

par son commerce, s'élève sur ses bords. Les *loups marins* ont disparu, ainsi que dans la plupart de ces parages. Avant de quitter cette baie, Vasco da Gama fit élever sur sa rive une colonne surmontée d'une croix faite de deux portions de mât.

Le navigateur continua sa route et s'en alla mouiller dans un petit port situé à deux lieues de la baie de Saint-Braz. Peu après, le jour de la Conception, profitant du vent qui était devenu favorable, il remettait à la voile et prenait de nouveau la pleine mer. Il fut alors tout à coup assailli par l'une de ces terribles tempêtes, qui désolent si souvent ces parages. Les matelots, ne doutant point que leur dernière heure fût venue, n'écoutaient plus la voix de leurs chefs. Agenouillés sur le pont de leurs navires, ils n'attendaient leur salut que de leurs prières et non de leurs manœuvres. Vasco da Gama dut prendre lui-même le timon en main. Mais il est inexact que ses hommes aient voulu le jeter à la mer. Le calme se rétablit enfin; les Portugais avaient atteint le dernier des padraos élevés par Barthélemy Diaz durant son voyage, l'îlot Da Cruz, et se trouvaient à cent vingt lieues du Cap. Au delà de cette limite commençait l'inconnu. Vasco da Gama rasa une longue côte qu'il nomma côte de la Natalité ou de Natal, parce qu'il l'avait découverte le jour de Noël. Il y avait urgence pour lui à gagner un port

PALAIS DU ZAMORIN.

L'eau potable commençait à manquer à ses équipages, qui en étaient réduits à faire cuire leurs aliments avec l'eau de mer. Heureusement, le 10 janvier, ils découvrirent un petit fleuve à l'entrée duquel ils jetèrent l'ancre. Comme le pays leur parut posséder beaucoup de cuivre, ce petit fleuve reçut le nom de *Rio de Cobre* (*rivière du Cuivre*).

Pendant la courte relâche qu'ils firent sur cette côte, les Portugais parvinrent à se débarrasser momentanément du scorbut, qui commençait à les décimer. Ils avaient abordé à la région où dominaient les Cafres, noirs de haute taille et redoutables par leurs arcs de grande dimension et leur zagaies garnies de longues pointes de fer. Leurs cases étaient en paille, et ils n'avaient guère pour ustensiles que d'énormes calebasses. Le pays semblait être assez agréable, et, à mesure que l'on s'avançait à l'intérieur, il se couvrait de beaux arbres, on y voyait de nombreux troupeaux. L'on n'eut qu'à se louer des noirs, qui prenaient plaisir à nouer des relations avec les blancs. Aussi les Portugais, charmés d'un accueil aussi sympathique, désignèrent cette contrée sous le nom

INTÉRIEUR DU COUVENT DE BELEM.

de *terra da Boa Gente*, la *terre de la Bonne Nation*. Ce nom est resté, car on appelle encore aujourd'hui *Aiguade da Boa Gente* ou *da Boa Paz* un mouillage situé au nord de la baie de Lourenço Marquès, entre le fleuve de Lagoa et celui d'Inhampura.

IV

Jusqu'alors Vasco da Gama avait suivi exactement les indications de Barthélemy Diaz et s'était tenu à proximité du continent. Désormais, manquant de renseignements, il avait dû se fier à sa propre inspiration, car à partir de la *terra da Boa Gente*, la côte fait une courbe assez sensible. Il craignait, en la suivant de trop près, de pénétrer dans un golfe d'où il lui serait difficile, sinon impossible de sortir; aussi préféra-t-il prendre le large. Il passa ainsi, sans s'en douter, en vue de Sofala, ville alors riche et commerçante où il eût été facile de trouver du repos et de se ravitailler, et un peu plus au nord il prenait terre à l'embouchure d'un fleuve qui n'était autre que le Zambèze. Les habitants de ce pays étaient des nègres, mais parmi eux se trouvaient des hommes au teint olivâtre, ce qui indiquait le voisinage des blancs. Ils portaient des pagnes de coton, de toile peinte, des turbans, des bonnets de soie ou d'étoffe, garnis d'ornements en or et en argent. Leurs barques n'étaient pas des pirogues comme celles des sauvages, mais des *almadies* dont les voiles étaient faites de feuilles de palmier et qu'ils maniaient avec dextérité. Il s'en trouva parmi eux qui parlaient l'arabe. Ils entretinrent Vasco da Gama et ses compagnons et les assurèrent qu'en montant plus haut ils trouveraient des blancs comme eux, des vaisseaux à peu près semblables aux leurs, qui se rendaient dans de riches contrées situées au delà de l'Océan, pour y faire le commerce.

Ces indications ranimèrent le courage des Portugais, qui étaient presque désespérés de ne trouver partout sur leur route que des peuples misérables dont ils ignoraient la langue, et dont ils pouvaient à peine tirer quelques vivres. Certain d'achever le tour de l'Afrique et persuadé qu'il était sur la route des Indes, Vasco da Gama sentait renaître ses forces avec son espérance. Il prit la résotion de faire radouber ses vaisseaux, qui en avaient grand besoin; il fut en cela aidé par les indigènes, qui lui donnèrent tous les secours dont ils pouvaient disposer. S'il ne put pénétrer dans l'intérieur du pays, il remarqua que le fleuve où il était entré devait être important et que, sur ses rives, des arbres de haute futaie formaient de véritables forêts. L'intention du navigateur était de relâcher seulement quelques jours; mais, contrairement à ses prévisions, il fut retenu pendant tout un mois à cause des ravages que le scorbut faisait de nouveau parmi ses équipages. Les matelots attribuaient cette maladie, qu'ils semblaient ignorer, aux viandes salées dont ils faisaient à peu près exclusivement leur nourriture depuis qu'ils étaient partis de Lisbonne. Malgré ce retard, Vasco da Gama était plus résolu que jamais. Les Portugais ne pouvaient que conserver un bon souvenir de ce pays, où leur espoir, qui commençait à faiblir, s'était transformé en certitude, grâce aux renseignements que leur avaient donnés les habitants. Avant de partir, ils élevèrent un padrao qu'ils appelèrent *Raphaël*, en l'honneur du bâtiment de l'escadre qui portait ce nom. Le fleuve reçut celui de *Rio dos bons signaës*, le *fleuve des bons signaux*. Il n'a pas conservé cette appellation, et le nom de Zambèze, par lequel les indigènes le désignaient, l'a emporté.

Vasco da Gama reprit enfin la mer le 24 février, et après avoir fait route vers le nord-ouest, il s'en alla jeter l'ancre à une lieue de Mozambique, à l'entrée de la baie d'une petite île, le 2 mars 1498. Dès que les vaisseaux portugais parurent, sept barques ou *almadies* s'avancèrent pleines de gens et au son d'instruments de musique qui ressemblaient à des hautbois et à des trompettes et que l'on appelait *anofils;* ils engagèrent les Portugais à pénétrer dans la baie et leur firent de nombreux signes pour les inviter à descendre à terre. Ces barques accostèrent les vaisseaux, et leurs équipages montèrent à bord. Les Portugais firent bon accueil à leurs visiteurs, et dans le désir de se concilier leur amitié, ils leur offrirent une collation. Au bout de quelques jours, après des relations suivies avec les indigènes, Vasco da Gama ordonnna d'amener les voiles et fit jeter l'ancre.

VUE DE L'ÉGLISE DE BELEM.

V

Mozambique, comme toutes les villes de la côte orientale d'Afrique, était au pouvoir des musulmans. Autrefois, le christianisme avait compté de nombreux adeptes dans toute cette région, mais les vexations, les mauvais traitements en avaient sensiblement réduit le nombre. Les quelques chrétiens qui se trouvaient encore à Mozambique étaient désignés sous le nom d'Abyssins, ce qui était la preuve que cette partie de l'Afrique avait dû être évangélisée par des missionnaires venus d'Ethiopie. Les indigènes avaient le teint cuivré et parlaient, nous disent les Portugais, la langue des Maures. Leur costume se composait d'étoffes de lin et de coton de diverses couleurs, plus ou moins ouvragées, suivant leur condition sociale. Tous portaient des turbans avec des lisérés de soie brodés de fils d'or. Ils se livraient pour la plupart au commerce et trafiquaient avec les *Maures blancs*. En rade se trouvaient quatre navires chargés d'or, d'argent, de clous de girofle, de poivre, de gingembre, de perles et de rubis. Presque tous les habitants de Mozambique professaient l'islamisme ; ils étaient gouvernés par un prince qui portait le nom de sultan. La ville n'avait alors rien de remarquable. Les maisons consistaient en cabanes en terre, couvertes de paille. Les seules constructions en pierre étaient la mosquée et la demeure du sultan. Aux environs de la ville, l'on voyait beaucoup de palmiers et l'on trouvait des concombres et des melons.

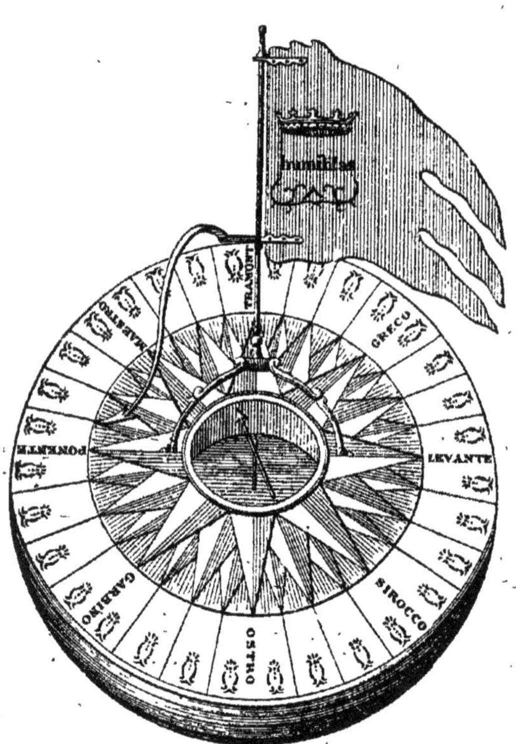

BOUSSOLE DU XVIe SIÈCLE.

Les Portugais s'étaient empressés de questionner les indigènes et en avaient obtenu de nombreux renseignements. On leur avait dit que les riches produits dont les quatre vaisseaux en rade étaient chargés avaient été apportés par les Maures, et qu'en continuant leur voyage ils trouveraient de l'or, des perles fines, des pierres précieuses, des épices, en si grande abondance *qu'on les ramassait à pleins paniers*. Ils apprirent que, sur la route qui leur restait à parcourir, ils rencontreraient nombre de villes, le long de la côte, et une île qui possédait de grandes richesses et dont la population était partie musulmane et partie chrétienne. Vasco da Gama et ses compagnons demandèrent naturellement des nouvelles du *Prestre Jean*. On leur répondit qu'il ne demeurait pas loin, qu'il possédait sur le bord de la mer plusieurs villes dont les habitants étaient de riches marchands qui équipaient de grands navires. L'on ajoutait que le *Prestre Jean* résidait dans l'intérieur du pays, et que pour se rendre dans sa capitale il fallait y aller à dos de chameau. Tous ces renseignements comblaient de joie les Portugais, qui ne demandaient qu'à achever leur entreprise.

Le sultan de Mozambique était venu à bord à diverses reprises rendre visite à Vasco da Gama, qui l'avait reçu de son mieux et cherché à lui être agréable en lui offrant à titre de présents des chapeaux, des filières de corail, et en lui faisant servir à profusion des figues et des confitures. Le sultan avait fait bon accueil au

GRANDE CARAQUE DU COMMENCEMENT DU XVIe SIÈCLE.

(D'après une gravure du temps.)

capitaine du *Berrio*, Nicolas Coelho, qui était venu le saluer en son palais. Il lui avait même donné le chapelet avec lequel il récitait ses oraisons, et l'avait forcé d'accepter un pot rempli de dattes écrasées, mêlées à une conserve de clous de girofle et de cumin. Les indigènes avaient au début témoigné les plus vives sympathies aux Portugais. Ils supposaient que ces nouveaux venus étaient comme eux des musulmans, des Turcs ou des Maures de Barbarie, puisqu'ils leur demandèrent s'ils venaient de la Turquie. Quand ils apprirent qu'ils étaient des chrétiens, dont ils redoutaient la concurrence commerciale, à la recherche d'une nouvelle route des Indes, ils résolurent leur perte. Pour réussir, ils dissimulèrent; mais ils n'allaient pas tarder à se démasquer.

Les indigènes se proposaient d'attirer les Portugais et leur chef dans quelque embuscade, et de s'emparer par surprise de leurs personnes. Mais Vasco da Gama s'était douté de leurs intentions. Quoique le sultan lui eût donné les deux pilotes qu'il lui avait demandés, il était défiant, et avec raison. Deux chaloupes à bord desquelles il se trouvait, étant allées faire de l'eau, se virent attaquées par cinq ou six *almadies* remplies de gens armés d'arcs, de flèches et de rondaches. On leur tira quelques coups de bombarde; en même temps, Paul da Gama, qui était demeuré sur les vaisseaux, se tenant prêt à agir en cas d'événement, ordonna, au bruit de l'artillerie, au *Berrio* de se mettre en marche, afin de pouvoir porter secours à son frère et à ses compagnons. Il n'en fallait pas davantage pour terrifier les Maures, qui se hâtèrent de gagner le rivage.

Vasco da Gama, pensant qu'il n'était pas prudent de rester dans la baie, où sa petite escadre était exposée à être cernée par les barques indigènes, avait regagné avec ses vaisseaux l'île où il avait mouillé en arrivant. Les chèvres, les poules et les pigeons que ses gens avaient troqués avec les habitants contre des rasades de boisson jaune firent faire bonne chère à ses équipages fatigués de la viande salée. Il resta là plusieurs jours, attendant un temps favorable, et aussi les événements. Dans l'intervalle, le sultan de Mozambique était entré en pourparlers avec les Portugais, protestant de ses intentions pacifiques, et leur avait envoyé à titre d'ambassadeur un *Maure blanc*, qui se donnait la qualité de chérif et se disait originaire des environs de la Mecque.

Comme Vasco da Gama n'avait pu faire sa provision d'eau, il écouta les propositions qui lui étaient faites. Sur son ordre, le capitaine Coelho entra dans le port avec plusieurs chaloupes. A peine était-il débarqué près de l'aiguade, qu'il vit une vingtaine d'indigènes armés de zagaies qui se disposaient à l'attaquer. Quelques coups de bombarde mirent en fuite les agresseurs, et l'on put faire de l'eau. Deux jours après, un Maure qui paraissait avoir quelque importance venait dire aux Portugais que, s'ils voulaient avoir de l'eau, ils pouvaient aller en chercher, et que s'ils y allaient, ils trouveraient des gens qui les obligeraient à retourner sur leurs pas. C'était une provocation. Vasco da Gama envoya les chaloupes dans la direction du village que ce Maure avait indiqué. Les indigènes s'y étaient barricadés; les Portugais furent reçus avec des injures et assaillis par une grêle de pierres et de flèches. A cette hostilité l'on répondit par quelques décharges d'artillerie et de mousqueterie qui tuèrent plusieurs des agresseurs. En revenant à leurs vaisseaux, les Portugais capturèrent deux almadies. Les gens qui montaient l'une d'elles eurent le temps de se sauver en se jetant à la côte; l'équipage de l'autre, qui se composait de quatre nègres, fut fait prisonnier et conduit à bord. Pendant les différents combats que l'on avait eu à livrer, l'un des deux pilotes que le sultan avait donnés était parvenu à s'échapper. Vasco da Gama vit qu'il ne lui servirait à rien de prolonger son séjour

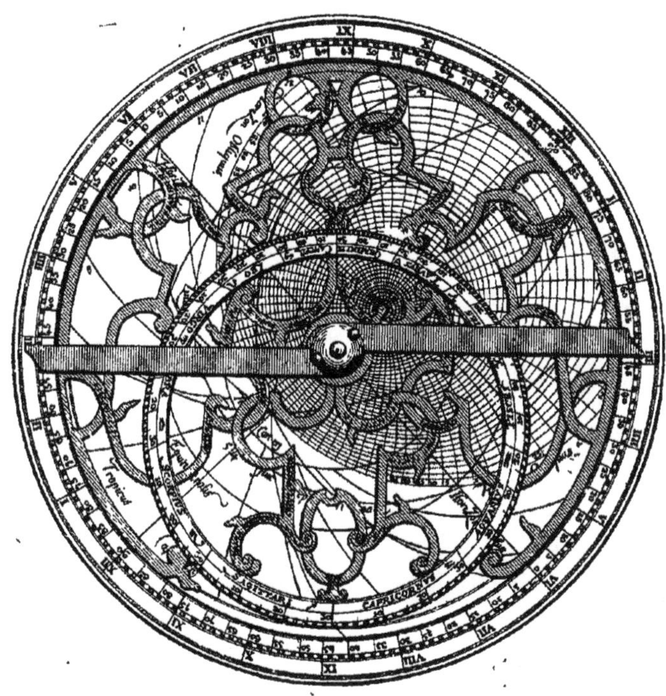

ASTROLABE DU XVIe SIÈCLE.

à Mozambique, et, le 29 mars, il ordonnait de mettre à la voile, après avoir envoyé quelques coups de canon à cette plage si peu hospitalière.

L'escadre avait pris la direction de l'est, mais il y avait fort peu de vent; deux jours après son départ, elle avait à peine fait trente lieues. L'on ne pouvait guère se fier au pilote que le sultan de Mozambique avait fourni, et l'on ne tarda pas à avoir des preuves de sa perfidie. L'on avait aperçu quelques îles, qui étaient les Quérimbas. Elles forment un archipel s'étendant du sud au nord sur un espace de 250 kilomètres. Le pilote voulait donner à entendre que ces îles étaient la terre ferme; son intention était d'y engager les vaisseaux portugais, dans l'espoir qu'ils donneraient sur quelque récif et pourraient y périr. Heureusement l'on se doutait de ses desseins. Pour le punir de son mensonge, Vasco da Gama lui fit donner de la corde si durement que la première de ces îles, en vue de laquelle cette correction lui fut administrée, reçut le nom d'*ilha do açontado, l'île du fustigé;* cette dénomination lui est restée. Ainsi corrigé, le pilote promit de conduire l'escadre à Quiloa, qu'il disait être une ville riche, commerçante et habitée en partie par des chrétiens. Mais ce qu'il n'ajoutait pas, c'est qu'il espérait que les événements de Mozambique seraient connus à Quiloa, que les Portugais y recevraient un accueil de même nature, et que peut-être ils pourraient succomber dans quelque guet-apens. Les vents contraires étant venus contrecarrer ses intentions criminelles, il dit à Vasco da Gama qu'il allait le conduire à Mombazes, où il trouverait les mêmes avantages qu'à Quiloa, et que comme cette ville elle avait pour habitants des chrétiens et des musulmans. De plus, il affirmait que les Portugais y seraient très bien reçus. Cette assertion était fausse. Vasco da Gama n'attachait que peu de foi à ses dires, mais comme il se voyait sur le point de manquer de vivres, il consentit à aller à Mombazes, et le 7 avril, au soir, il jetait l'ancre en face de cette ville. De nombreux navires entraient dans son port, dont l'entrée était défendue par un château en assez bon état. L'on y trouvait des marchands chrétiens, mais les musulmans les tenaient dans une véritable infériorité, et ils avaient à subir de leur part de nombreuses vexations. La traite y était en honneur, et l'on y voyait beaucoup d'esclaves, qui pour la plupart étaient des chrétiens. Grâce à ses maisons de pierre, Mombazes avait l'apparence d'une ville européenne. Elle produisit une impression favorable sur les Portugais, qui la jugèrent comme un séjour délicieux. Aujourd'hui, tel n'est pas l'avis des Européens.

HENRI LE NAVIGATEUR.
(D'après un manuscrit de l'historiographe Gomès Ganes de Azurara, XVe siècle).

Vasco da Gama, que les trahisons précédentes avaient mis sur la défiance, ne voulait pas entrer dans le port et se tenait au large. Dans la rade, un brigantin monté par un nombreux équipage était

Bombardes, boulets ramés, hache d'armes, arc et armes diverses des Portugais du XVe siècle.

(Musée d'artillerie de Lisbonne.)

venu rejoindre l'escadre, et dans le port tous les navires s'étaient pavoisés comme pour souhaiter la bienvenne aux étrangers. Les Portugais tout d'abord étaient pleins de confiance; ils espéraient pouvoir descendre à terre le lendemain. Mais leur espoir fut de courte durée. Ils furent bientôt assaillis par les indigènes et ne purent mouiller qu'à huit lieues de Mombazes. Un des prisonniers qu'ils firent leur donna des indications sur la direction de Mélinde; Vasco da Gama mit à la voile immédiatement vers cette ville; le jour même de son départ de Mombazes, et après quelques heures de navigation il y arriva et jeta l'ancre à une demi-lieue du rivage.

Armes et armures de Vasco da Gama et de ses compagnons.

(Musée d'artillerie de Lisbonne.)

Mélinde était alors une belle ville, assise dans une plaine où se trouvait un bois de palmiers et entourée de jardins et de cultures de mil et de légumes variés. Des maisons grandes, élevées, blanchies à la chaux et percées de nombreuses fenêtres. Son commerce était florissant et sa population considérable. Certains historiens ont été jusqu'à l'évaluer, en exagérant, à 200,000 âmes. Le souverain de Mélinde était un vieillard fort aimé et fort respecté, à cause de sa bienveillance. Avant de prendre terre, Vasco da Gama lui dépêcha un des Maures qu'il avait fait prisonniers au sortir de Mombazes, pour l'assurer de ses intentions pacifiques et, en même temps, pour lui exprimer le désir qu'il avait d'entrer en rapport avec lui. Le sultan de Mélinde fut flatté de cette démarche; l'idée de voir son amitié recherchée par des étrangers venus de si loin ne pouvait que satisfaire son orgueil. Il répondit qu'il recevrait les Portugais avec plaisir, et qu'il leur procurerait des pilotes, des provisions et tout ce dont ils pourraient avoir besoin.

Mais, comme l'a dit Camoëns, *les délices de Mélinde ne pouvaient captiver Vasco da Gama, une vaste mer lui restait à parcourir*. Le 24 avril 1498, l'escadre leva l'ancre pour gagner Calicut.

VI

Le trajet de Mélinde à la côte de Malabar est de sept à huit cents lieues. Les Portugais se dirigèrent d'abord vers le nord, sans trop s'éloigner du rivage, et bientôt ils prenaient une nouvelle direction, celle de l'est. En dépit de la saison très défavorable, leur traversée fut heureuse. Quelques jours après leur départ de Mélinde, ils aperçurent l'étoile polaire, qu'ils n'avaient pas vue depuis longtemps, et peu après ils repassèrent la ligne. Comme ils avaient le vent en poupe, leur marche était assez rapide. Le 17 mai, après une navigation de vingt-trois jours, l'escadre découvrit une terre que l'on ne put d'abord reconnaître, à cause des brouillards qui résultaient des pluies et des orages. L'on était alors à l'époque de la mousson. La sonde fut jetée, et l'on constata que l'on trouvait fond à quarante-cinq brasses. L'escadre s'écarta de la côte : et le lendemain elle vint de nouveau la chercher. Elle mit près de deux jours à s'en approcher peu à peu. Le pilote reconnut alors que la montagne que l'on voyait était celle qui dominait la ville de Calicut, la cité la plus riche et la plus commerçante de l'Inde à cette époque. A l'annonce de cette heureuse nouvelle, Vasco da Gama se sentit transporté de joie. Il était arrivé dans l'Inde, et il lui semblait qu'il ne devait plus rencontrer d'obstacles pour achever son expédition. Le soir même de ce jour, l'escadre s'en alla mouiller non à Calicut, mais à deux lieues plus loin, à un village nommé *Capoua* (Capocate). On jeta l'ancre à une demi-lieue en mer. La traversée avait duré vingt-six jours. Vasco da Gama était parti le 24 avril de Mélinde, et il touchait au rivage le 19 mai 1498. Il y avait près de onze mois qu'il avait quitté l'Europe.

Le souverain de Calicut, qui portait le titre de zamorin, dominait sur la côte de Malabar. Les Portugais se mirent en rapport avec lui, mais, grâce aux intrigues des marchands mulsumans, ils n'eurent pas trop à se louer de son accueil. Vasco da Gama dut même employer la force et disperser à coups de canon les nombreuses barques indigènes qui voulaient s'emparer de ses vaisseaux. Il ne tarda pas à retourner en Europe pour préparer une seconde expédition avec de nouvelles forces.

Il avait levé l'ancre le 29 août 1498. Contrairement à ses espérances, de nombreux obstacles surgirent devant lui. Des circonstances imprévues l'avaient mis dans l'impossibilité d'annoncer la grande nouvelle de sa découverte au roi Emmanuel. Une effroyable tempête le sépara, aux îles du Cap-Vert, des autres bâtiments de sa flotte, et tandis que Coelho, se persuadant que le vaisseau amiral était devant lui, allait de l'avant, il se vit lui-même forcé d'atterrir à Tercère, où son jeune frère Paul, miné par la maladie contractée au cours du voyage, dut se faire transporter à l'hôpital. Vasco da Gama remit le commandement de son navire à un de ses lieutenants, Joao da Sa, et ne quitta Tercère que lorsque son frère eut rendu le dernier soupir. Alors, l'âme ulcérée, il franchit sur une simple caravelle la distance qui le séparait de sa patrie. Il rentrait le 29 août 1499 à Lisbonne, après nne absence de deux ans. De tout son équipage il ne restait que 55 hommes sur 160 (1).

Avant d'entrer dans la ville, le découvreur des Indes voulut s'arrêter dans l'église Notre-Dame. Son entrée dans Lisbonne fut triomphale. La capitale s'illumina. Des feux de joie étaient allumés dans les rues et sur les places. Pendant plusieurs jours ce ne furent que jeux et fêtes. Les Portugais voyaient le but de leurs longs efforts victorieusement atteints, le commerce de l'Orient devenu leur monopole et leur pays élevé au rang de première puissance maritime de l'Europe.

CASTONNET DES FOSSES.

(1) La route était connue, frayée, et l'on ne se laisserait plus émouvoir par l'annonce de périls imaginaires, le plus fort était fait; les rêves d'or devenaient une réalité que le roi D. Manuel escomptait d'avance, en ajoutant à ses titres celui de « seigneur de la conquête et de la navigation de l'Ethiopie, de l'Arabie, de la Perse et des Indes ». Quant au marin intrépide qui venait d'assurer au commerce de sa patrie une nouvelle voie, et qui allait lui procurer une incalculable moisson de lauriers, il dut attendre deux ans son titre d'amiral des Indes, retard que le roi lui fit oublier, en l'autorisant à joindre à son nom la particule *dom*, alors si rarement octroyée, en le gratifiant d'une somme de 2,000 écus d'or, et en lui conférant sur le commerce de l'Inde certains privilèges qui ne devaient pas tarder à l'enrichir.

Cette voie, si audacieusement ouverte par Vasco da Gama, fut immédiatement suivie par Alvares Cabral, à qui l'on doit la découverte du Brésil, et Jão da Nova, qui reconnut Sainte-Hélène. Tous deux eurent à lutter énergiquement contre les Maures, qui comprenaient que le commerce des Indes allait leur échapper. La situation fut bientôt si tendue, que da Gama fut une seconde fois envoyé dans l'Inde, avec mission d'imposer aux Hindous le commerce qu'ils refusaient de faire avec les Portugais, et de créer des forteresses qui fussent non seulement en état de résister aux attaques des mécontents, mais encore de servir de base pour maintenir d'une façon durable la domination du Portugal sur ces nations qui s'y montraient si résolument réfractaires. A la tête d'une flotte de dix vaisseaux, da Gama agit avec une vigueur et une décision qu'on a taxées de cruauté, mais qui lui semblaient nécessaires pour briser par la terreur toute résistance. Les habitants de Calicut, au mépris des traités, avaient massacré les Portugais, surpris dans leur factorerie. Vasco da Gama résolut d'en tirer vengeance, et pendant trois jours consuma la ville, qu'il détruisit en grande partie. Pensant que la leçon serait salutaire, il visita ensuite Cochin, dont le souverain s'était montré fidèle, et reprit la route d'Europe après avoir dispersé une nouvelle flotte malabare.

Il ne semble pas que les services rendus par le héros aient été récompensés comme ils le méritaient. On lui accorda le titre de comte de Vidigueira, mais on le laissa lui-même pendant vingt et un ans dans l'oubli. Ce n'est qu'en 1524 qu'il fut nommé vice-roi de l'Inde, en même temps que le roi D. Jean III le chargeait d'une nouvelle mission dans les régions conquises qu'il s'agissait maintenant d'organiser. Parti de Lisbonne le 9 avril, Vasco da Gama mourut trois mois et vingt jours après avoir atteint le siège de son gouvernement. Inhumé à Cochin, son corps fut ramené en Europe en 1538 et déposé dans la petite église de Nossa Senhora das Reliquias da Vidigueira. Après tant de vicissitudes et de voyages, Vasco da Gama le « grand argonaute », comme disait l'inscription de son tombeau, ne reposa pas en paix; son cercueil fut violé en 1840. Il se trouve aujourd'hui avec celui de Camoëns dans l'église des Jeronimites à Belem. (Gabriel Marcel, *Album commémoratif. A Vasco de Gama.* Guillard, Aillaud et Cie, Paris, 1898.)

CARAVELLE DU XVe SIÈCLE.

www.ingramcontent.com/pod-product-compliance
Ingram Content Group UK Ltd.
Pitfield, Milton Keynes, MK11 3LW, UK
UKHW012126240726
13965UKWH00005B/2000

9 782013 076906